Warendorfer Kleinigkeiten

Liebenswerte Altstadt!
– gäbe es sie nicht,
müßte man sie schaffen –

Werner Tönnies

Werner Tönnies, Vorstandsmitglied der Altstadtfreunde

Inhalt

4 . . . aber mit dem Herzen ist ihm beizukommen (Vorwort)

8 Hauseingänge

18 Fensteraugen

28 Giebel, Gauben & Erker

56 Kleine Kostbarkeiten

78 Drachenköppe

Ausleger 82

Alte Straßennamen 94

Altstadtlaternen 99

Pflastersteine 102

Ein schöner Rücken kann auch entzücken 104

Rainer A. Krewerth

... aber mit dem Herzen ist ihm beizukommen

Die von mir sehr verehrte Schriftstellerin Eka Gräfin von Merveldt, Witwe des bedeutenden münsterländischen Malers Hanns Hubertus von Merveldt, schrieb einmal über unser Ländchen: „Es ist schön, hier als Fremder zu leben. Es ist schön, hier zu Hause zu sein. Es gibt so viele schöne andere Landschaften in Deutschland, es gibt so viele schöne Länder. Aber Heimat bedeutet Vertrautheit. Ich lobe das Land mit dem Eifer des Neubekehrten, der aus Ostdeutschland stammt."
Heinrich Heine hätte für „Deutschland, ein Wintermärchen" die Erfahrungen, die Recherchen für seine Freundlichkeiten über die Westfalen auch in Warendorfs Altstadt machen können, hätte er – statt im Gasthof Overweg zu Unna – in der Brünebrede oder der Emsstraße übernachtet. Der Text seiner Liebeserklärung wäre, da bin ich sicher, nicht anders (und nicht schlechter) geraten: „Viel süße Erinnerung dampfte der Punsch, / Ich dachte der lieben Brüder, / Der lieben Westphalen, womit ich so oft / In Göttingen getrunken, / Bis wir gerührt einander ans Herz / Und unter die Tische gesunken."
In einer Rundfunksendung über Warendorf konnte ich es mir nicht verkneifen, wieder einmal Kurt Tucholsky zu zitieren: „Es gibt ein Gefühl jenseits aller Politik, und aus diesem Gefühl heraus lieben wir dieses Land. Wir lieben es, weil die Luft so durch die Gassen fließt und nicht anders, der uns gewohnten Lichtwirkung wegen – aus tausend Gründen, die man nicht aufzählen kann, die uns nicht einmal bewußt sind und die doch tief im Blut sitzen."
Wenn ich nun einen weiteren geliebten Meister der Feder hinzufügen darf, sind wir mitten in der Warendorfer Altstadt, mitten zwischen den „Warendorfer Kleinigkeiten" und den köstlich-knubbeligen Details, die auch Freckenhorst, Hoetmar, Einen, Müssingen, Milte und Vinnenberg zieren. Joachim Ringelnatz, dieser ernsthafte Erzschelm, schrieb: „Überall ist Wunderland, überall ist Leben. Bei meiner Tante im Strumpfenband wie irgendwo daneben."
Überall ist Wunderland in der Warendorfer Altstadt, allerwärts sind jene Kleinigkeiten zu entdecken, die Ringelnatzens Wunderland, die Warantharpa ausmachen. Giebel paaren sich mit Gauben, Dächer mit Wetter-

fahnen darauf; Rüenschlüppe und Kletterpohl und Krückemühle und Krickmarkt – welch zauberhaft lokal-urtümliche Namen – gehen gute Ehen ein mit phantasievoll gestalteten, verzierten Fenstern, Fensteraugen, mit Mauerankern, Knaggen, Drachenköppen, Katzenköppen, Auslegern, Hauseingängen.

Vor Jahren brachte ich einmal bayerische Kollegen und Freunde gelegentlich einer Wasserburgen-Radrundfahrt ins Münsterland, Männlein und Weiblein gemischten Alters. Sie waren – verwöhnt durch bajuwarisches Barock, Ludwig-II.-Schlösser und all die andern Schönheiten und Seltsamkeiten des deutschen Südens – ein wenig mißtrauisch-zögernd mit auf die Reise gegangen, und ganz selbstverständlich hatte ich nach dem Besuch des Doppelschlosses Harkotten Warendorf als Ziel und Schlußpunkt der Radreise gewählt.

Ich führte das gute Dutzend Gäste durch die Altstadt, zwei Stunden lang, und zum Abschluß sanken wir uns in einer stadtbekannten Kneipe am Freckenhorster Tor, Heinrich Heine folgend, gerührt ans Herz, und es tat mir als mit Emswasser Getauftem sehr gut, als sie sagten, diese barock- und rokokoverwöhnten schwäbischen Bajuwaren: „Daß so weit nördlich des Weißwurstäquators eine so schöne Stadt wie Warendorf liegt, daß es in Freckenhorst eine so eindrucksvolle Kirche wie den ‚Bauerndom des Münsterlandes' gibt – dös koasch bloß glauba, wennsch do gwesa bisch."

Was will eigentlich dieses Buch? Was wollen diese „Warendorfer Kleinigkeiten"? Das ist mit einem Satz zu sagen: „Sie, nämlich vorwiegend die Fotos, wollen werben, die Altstadt und die Ortsteile mit ihrem schier unerschöpflichen Fundus unwiederbringlicher, wenngleich gelegentlich und gottlob restaurierbarer Schätze zu hüten wie die kostbaren Kleinodien aus der Erbschaft der Vorvergangenen, die unsereiner schätzt, liebt, hegt, birgt.

Diese „Warendorfer Kleinigkeiten", dieser Fotoband, hat mir aus drei Gründen selten erlebte Freude gemacht. Da war zunächst die Kuriosität der Idee. Wilhelm Veltman, Vorsitzender Altstadtfreunde, Werner Tönnies, sein Stellvertreter in diesem nicht nur „pickenden", nämlich putzabklopfenden Verein, und ich bereiteten 1984 eine Studienfahrt nach Lüneburg und Hameln vor. Auf langer Autobahnfahrt kürten wir darüber – in Lüneburg hatten wir alle drei ein Buch über die dortige Altstadt erworben –, so etwas gelegentlich mal über Warendorf zu machen. Wir stimmten im Auto ab. Ergebnis, einstimmig: Jau, makt wi.

Sodann kam ein früherer fotografischer Mitarbeiter namens Manfred Freye in die Redaktion der „Glocke", deren Warendorfer Redaktion ich damals noch vorstand, und ich fragte diesen bescheidenen, fleißigen, begeisterungsfähigen siebzehnjährigen jungen Mann, ob er wohl 'n Späßken hätte, die eine oder andere Detailaufnahme Warendorfer Köstlichkeiten zu machen. „Jau!" sagte er und fragte mit keiner Silbe nach Honoraren. Für einen fotografisch begabten Schornsteinfegerlehrling und Fotoamateur fand ich das sehr beachtlich.
Ein neuer, ganz jugendlicher Altstadtfreund war gewonnen; findig-fündig klapperte er die Stadt zwischen Wall und Graben ab, und nach einer Woche zeigte er mir hundert fotografische Aufnahmen, die deutlich machten: Jawohl, das werden die „Warendorfer Kleinigkeiten".
Manfred Freye lieferte Aufnahmen nach, wenn ich Wünsche äußerte, und deshalb stammt der Löwenanteil der Bilder dieses Buches von ihm. Ihm ist sehr zu danken, dazu Reinhard Plontke aus Freckenhorst, der die schönen Rücken der Altstadt in den Ortsteilen gewohnt penibel aufnahm – auch er übrigens „Glocke"-Mitarbeiter –, ebenso wie meinem Freund Dieter Rensing aus Münster, der das Titelbild in einer Art Blitzaktion gestaltete, wie Ulrich Weber, Reinhard Pellinghaus und Walter Suwelack, Pfarrer und Dechant der Alten Kirche, also von Sankt Laurentius.
Dank auch Claus Hoffmeister aus Osnabrück, den ich an einem sonnenüberglänzten, sonntäglichen Novembertag durch Warendorf und Umgebung kutschierte und der mir zum Abschied sagte: „Ich kam, sah und liebte!" Na bitte; Claus Hoffmeister hat die Illustrationen zu dieser Liebeserklärung an Warantharpa beigesteuert, und das auch noch pünktlich.
Dann wäre da ein dritter Grund meiner Freude. Ich habe fast exakt zwölf Jahre im feindlichen, nämlich im bayerischen Ausland gelebt. Das war – München nah, Augsburg nah, Stuttgart nah, Ulm auch; das war Bodensee nah, Mittelmeer sozusagen um die Ecke, Toscana, Nord- und Südtirol dito. Ach du leiw Herrchöttchen von Bentheim, vieles c h a n z n a h, aber es war eben nicht Münsterland, war nicht Warendorf.
Es gibt merkwürdige Seelenverwandtschaften; das habe ich nach gescheiterter (indes auch nie ernsthaft angestrebter universitärprofessoraler) Karriere gemerkt: Da war Heimkehr, war Wärme wieder da, waren die Lieder – es muß nicht immmer „Warendorf, du Hort ..." sein – da war der gute alte Tucholsky mit seiner Luft, d i e s o d u r c h

die Gassen weht und nicht anders, und da war neben vielen anderen ein väterlicher Freund, Mentor und stets bereiter Ratgeber namens Dr. Franz Kroos an der Quabbe.
Na ja, und denn nun: Wer von uns hätte nicht seine Lieblingsautoren? Theodor Fontane kommt mir in den Sinn, ein Stücksken aus seinem 1880 niedergeschriebenen Vorwort zu den „Fünf Schlössern". Es lautet so: „In den Wanderungen wird wirklich gewandert, und wie häufig ich das Ränzel abtun und den Wanderstab aus der Hand legen muß, um die Geschichte von Ort und Personen erst zu hören und dann weiterzuerzählen, immer bin ich unterwegs, immer in Bewegung und am liebsten ohn' vorgeschriebene Marschroute, ganz nach Lust und Laune."
Wenn ich das Vorwort des Herausgebers durch weitere zwei Zitate zu zieren mir gestatte, dann nur deshalb, weil ich sie für fast unverzichtbar halte. Da wäre einmal Charles Dickens: „Falls der Leser dieses Buches die Freundlichkeit haben würde, in diesen Erinnerungen persönliche Empfehlungsschreiben des Autors für all die darin beschriebenen Stätten zu sehen, könnte ein Besuch der gleichen Orte und Gegenden vielleicht weit angenehmer für ihn verlaufen und von besserem Verständnis für das, was ihn dort erwartet, begleitet sein."
Dann käme, noch einmal, Kurt Tucholsky: „Das Plattdeutsche kann alles sein: Zart und grob, humorvoll und herzlich, klar und nüchtern und vor allem, wenn man will, herrlich besoffen ... Philologisch ist dem sehr schwer beizukommen; aber mit dem Herzen ist ihm beizukommen."
Da in Warendorf, gottlob, noch viele Mitbürger des Plattdeutschen mächtig sind, in Tucholskys Sinne ein herzhaftes

Guedgaohn

PS: Die „Warendorfer Kleinigkeiten" wollen kein wissenschaftliches, sie sollen ein ganz und gar populäres Buch für jedermann sein. Dr. Stefan Baumeiers Werk „Das Bürgerhaus in Warendorf" sei freilich als ergänzende, hilfreiche Lektüre empfohlen, ebenso Martha Göttings hübsches Bändchen „Straßen und Gassen einer alten Stadt", das so ungewöhnliche Straßennamen wie etwa „Rüenschlüppe" deutet.

Hauseingänge

Mit falschen Gedanken kommen Termiten ins Haus.

Ken Kaska

Einladend-gemütlich-anheimelnd – ein Deelentor von 1838 an der Kirchstraße, das aus Marienfeld stammt und später hier eingebaut wurde

Die Tür zum Haus Kolkstiege Nr. 1, einem Haus, auf dessen Restaurierung die Familie Sandmann und die Altstadtfreunde stolz sein können

Hauseingänge in Warendorf – aus unterschiedlichen Zeiten, doch allemal voller Reiz: Brünebrede 26, Marienkirchplatz 9, Oststraße 23, Oststraße 21

Einladend zum Früh-, Dämmer- oder Spätschoppen – Tür zum Gasthaus Darup, Emsstraße 10, restauriert von dem unvergessenen Joos Brandkamp

Türen im Osten, aber auch im Westen:
Lilienstraße 22, Oststraße 34, Klosterstraße 7 und Neuenhof 2

Zierat aus alter Zeit macht in Warendorf den Eingang in viele Geschäfte zum optischen Spaß – hier an der Oststraße 24

Immer wieder überraschend die Hauseingänge, diese hier an der Langen Kesselstraße 25, der Klosterstraße 22 und 9 und der Brünebrede 15

Im Osten der Stadt zwischen Wall und Graben gibt's besonders bemerkenswert viele „Kleinigkeiten" – wie hier an der Oststraße 32

Ohne Schmuck mögen sie ihre Türen nicht, die Warendorfer, ob an der Oststraße 32, der Alten Kirche, der Brünebrede 39 oder der Klosterstraße 13

Kleine liebenswerte Kleinigkeiten: der gußeiserne Griff an der Oststraße 22, die Klinke, das Klingelschild Mühlenstraße 5 und der Türklopfer Propsteigasse 1

Fensteraugen

Fenster können Augen sein, die ich öffnen oder schließen kann.

Rainer A. Krewerth

Fensteraugen – hier an einem der ältesten Häuser der Stadt, Klosterstraße 22, das wohl dem 15. Jahrhundert entstammt

Nicht Beton mit Glasbausteinen – ideenreich figurierter Stuck war Trumpf in der „guten alten Zeit“, hier an der Oststraße 5

Selbst am Fenster können Bäcker kunstvoll werben, wenn sie mögen, siehe Emsstraße 9 (oben links). Und auch die anderen Fenster können sich sehen lassen, etwa an der Kirchstraße 18 oder Im Ort 1

Wenn in unserer Altstadt auch in Zukunft gearbeitet, verdient und gewohnt wird, werden wir sie in ihrer ganzen Schönheit unseren Nachkommen erhalten.

Dr. G. Drescher

Dr. Günther Drescher, Bürgermeister der Stadt Warendorf

In sauber verziegeltes Fachwerk fügen Sprossenfenster sich besonders gut ein,
wie hier an der Oststraße 3

Altstadtfensterkleinigkeiten – am Schweinemarkt, dem verzauberten Platz, am Markt 13, in der Kolkstiege 1 und an der Oststraße 21

Licht und Schatten spielen Kriegen an der Hirschapotheke,
bezeichnet 1661 (oben). Und „Ano 1616", Gerichtsfuhlke 23 b – ist das etwa nichts?

Fensterzierat allerorten, am Markt 1 mit den rautenförmig gestrichenen Blendläden, an der Kirchstraße 3 und am Markt 12

Aolle Hüser sind alltemaol un wisse guet, wenn de Suohlensteene faste ligget un de Pöste kiärnig bliewen sind un wenn up'n Padd nao Naobers Huus kien Gräß wassen is.

E. Austermann

Ewald Austermann, Rektor i. R., Milte

„Jesus Christus gestern und heute und derselbe auch in Ewigkeit", Inschrift in der Christuskirche, 1898/99 dicht an der alten Stadtbefestigung errichtet

„Wer auf Gott hoffet und vertrauet, der hat wohl gebauet" –
Kirchstraße 15 (oben). An der Hohen Straße 22 und der Langen Kesselstraße 16
wieder Fensterfeinheiten

Ecke Laurentiusstraße/Kirchstraße:
ein Fachwerkdetail aus einem Ensemble, das viele Gäste besonders bewundern

Giebel, Gauben & Erker

Man ist mit einem Hause erst fertig, wenn es mit einem Dach versehen ist.
Altes Sprichwort

Markt 13, just geschickt und aufwendig restauriert, bezeichnet 1715,
G.L. Pictorius zugeschrieben, von manchen aber auch J.C. Schlaun „angedichtet"

Stille, versteckt-verschwiegene Winkel und Hinteransichten mit echten alten roten „Pannen“ gibt es vielerorts in Warantharpa

Anno 1631, ein edles Schmuckstück am Markt 4, reichverziertes Giebelhaus mit Volutengiebel ganz nach münsterischer Art

Markt 11, Café, Konditorei, Bäckerei – ob Maueranker, Giebelabschluß oder Zunftzeichen, alles paßt zusammen, alles stimmt

Liebevoll restauriert, das Haus Im Ort 4, und vielbestaunt die Gaube auf dem malerischen Fachwerkhaus

Es muß ein Grundanliegen unseres technisch und zivilisatorisch weit fortgeschrittenen Jahrhunderts sein, dies historisch gewachsene Bild der Altstadt für die Zukunft zu erhalten und in der Gegenwart mit Leben zu erfüllen.

Paul Leidinger

Prof. Dr. Paul Leidinger, bis 1983 Vorsitzender des Heimatvereins

Einst Gymnasium Laurentianum, dann Marienschule, heute Volkshochschule – spätklassizistischer Giebel blickfangend am Ende der Langen Kesselstraße

Das konnten sie, unsere Altvorderen: handwerklich meisterhaft, mit gutem Gefühl für Formen, ihre Häuser schmücken, wie an der Emsstraße 17

Es ist noch gar nicht lange her, daß hier – an der Fleischhauerstraße, in diesem Gebäude – Temmens „Kanonenburger" Schnaps gebrannt wurde

1970 sagte ich noch voller Stolz: „Et is nörgens bäter as in Bokelt!"

1984 sage ich ebenso stolz: „Warendorf, du Stadt meiner Jugend und Freuden ....!"

Dieses sage ich gern und offen:

Warendorf, Du und Deine Bürger haben Dich meine neue liebens- und lebenswerte Heimatstadt werden lassen.

Hermann Leson

Hermann Leson, Leiter des Verkehrsamts

Gauben, Dachpfannen, Ziegel fügen sich hier – im Herzen der Altstadt, an der Gerichtsfuhlke – harmonisch zusammen

Denk ich an Warendorf,
denk ich an
die Hengstparade,
Maria Himmelfahrt
und an
die Kartoffelfeuer im Herbst.

Emil Grigo

Emil Grigo, Neuß, voller Sehnsucht nach der Heimatstadt

Giebeldetails, ganz unterschiedlich und doch exakt nebeneinander, nämlich an der Westseite der Langen Kesselstraße

Dachgaube mit Drachenkopf und Sprossenfenstern und alten Pfannen und Fachwerk darunter – kann es schöneres geben?

Lange Kesselstraße 14, Schnitzwerk und Drechselei, nicht uralt, aber apart und wiederum eine feine Kleinigkeit

An der Brünebrede 40 entdeckte Manfred Freye dieses schöne Stück,
Erinnerung an Warendorfs Ackerbürgerzeiten

Krickmarkt 10 und 8 – in Warendorf und seinen Ortsteilen können viele Rücken aufmerksame Betrachter entzücken

In den Jahren 1911/12 wurde die Marienkirche gebaut, die Neue Kirche.
Sie ist längst, wie ihr viel älterer benachbarter Turm, fester Bestandteil der Altstadt

Blickfang an einem der vielen intimen Plätze in Warantharpa –
das vorzüglich restaurierte Fachwerkhaus Heumarkt 3, prächtig blumengeziert

Wenn aber die Gewaltigen klug sind,
so gedeihet die Stadt.

Jes. K 10, V 3

Das wünsche ich auch für die Zukunft
dieses liebenswerten, alten Stadt.

Heidi Schmidt. Freckenhorst

Heidi Schmidt, Altstadtfreunde-Mitglied

Die Enge der Altstadt erlaubt oft nur fotografische Verzerrungen,
wie hier am Krickmarkt 12, einem zauberhaften Geschäftshaus

Zur Warendorfer Altstadt ist der Norden mit der Pfarrgemeinde St Josef eine fruchtbare Synthese eingegangen.

H. Deppen, Pf.

Hans Deppen, Pfarrer von St. Josef

Gauben, noch dazu verzierte, können – selbstredend – auch Kirchendächer schmücken, hier an der Neuen Kirche, an St. Marien

Das sind die Stellen in Warendorf, an denen unsereiner gern verweilt und versonnen hochschaut: Brünebrede 32, Oststraße 35, Oststraße 39, Oststraße 37

Wenn aber die Gewaltigen klug sind, so gedeihet die Stadt. Sir. 10,3

Mögen die Gewaltigen auch in Zukunft klug und die Klugen stets gewaltig genug sein, der Nachwelt so schöne Zeugen zu hinterlassen, wie sie in unserer Stadt bis heute auf uns gekommen sind.

Wilhelm Grothoff.

Wilhelm Grothoff, Kämmerer der Stadt Warendorf

Zehn Sprossenfenster, darüber ovale „Zwillingsaugen“: an der Oststraße 27 eine Giebelkleinigkeit, die großartig wirkt

Zwei Giebel aus unterschiedlicher Zeit, Oststraße 32 und Oststraße 5, aber beide gewissermaßen verheiratet; sie passen zusammen

„Aber einen Trost hast du immer, eine Zuflucht, ein Wegschweifen“, schrieb Alfons Goldschmidt. Sind die Giebeldetails von Oststraße 32 und In den Lampen 1 nicht ein Trost in diesem Sinne?

wenn ich an Warendorfs Altstadt denke,
fällt mir ein, was mein schlesischer
Landsmann Joseph Freiherr von Eichendorff
1842 über Danzig schrieb!
Träumerisch der Mond darauf scheinet,
Denn die Stadt gar wohl gefällt,
Als läg zauberhaft versteinet
Drunten eine Märchenwelt.

Heinrich Windelen

Heinrich Windelen, Bundesminister für innerdeutsche Beziehungen

Heumarkt 1, aus zwei Perspektiven derselbe Giebel: Schmuck und Schönheit und eine Wetterfahne mit der Jahreszahl 1895

1948, Jahr der Währungsreform nach dem Zweiten Weltkrieg. Selbst zu dieser Zeit – siehe Wetterfahne – war an der Brünebrede 58 Zierat möglich

Ein Kreuz krönt die Kapelle von 1869 seitwärts der Franziskaner-, der „Paterskirche“, und lädt zum Gebet ein

Muschelstukkatur und eine Wetterfahne, fast ziseliert, schmücken den Gibel des Hauses am Markt 7, ein Optikgeschäft

Hahn und Sonne über dem Ziegelwerk des Giebels an der Brünebrede 56
zeigen schmiedeeisern die Windrichtung an

Anno 1888 – deutlich sichtbar belegt die Inschrift unter der Wetterfahne das Erbauungsjahr des „Gesellenhauses“ an der Kolpingstraße 6

Kleine Kostbarkeiten

Das, was mir wichtig scheint, hältst du
für Kleinigkeiten; / Das, was mich ärgert, hat bei dir nichts zu bedeuten.
Johann Wolfgang von Goethe

Das Klostergebäude der Franziskaner – ein formenreich-phantasievolles
Detail der Pforte am Westflügel

Oststraße 3, das Treppchenhus: eine Putte auf gußeiserner Platte, Verbindung von gotischem Engelskind und antikem Eroten

Aus meiner Jugendzeit steht mir noch manchmal der Vater vor Augen, wie er von seiner Heimatstadt Warendorf erzählte. Dabei zitierte er auch wohl den Spruch, der ihm Westfalen-Art treffend auszudrücken schien:

„Reden, was wahr ist,
Trinken, was klar ist
Und lieben, was rar ist"

Später begriff ich erst, warum dieser oft wortkarge, westfälische Vater mir das erzählte. Und ich verglich es mit dem Wahlspruch der hanseatischen Seefahrer und Königlichen Kaufleute aus Danzig, der Stadt, in der ich geboren und aufgewachsen bin:

Die ehemalige Kaiserliche Post an der Oststraße 12, ein Querflurhaus von 1876, ziert der Adler im dunkelgelben Ziegelmauerwerk

„Nec temere, nec timide!"

Das heißt: „weder unbesonnen noch furchtsam"! In beiden Wahlsprüchen steckt eine verwandte Lebenshaltung. Man kann sie als „Eintreten für seine Überzeugung" bezeichnen.

Kein Wunder, wenn man bedenkt, daß in der 700-jährigen Geschichte der Stadt Danzig Menschen aus Westfalen, auch aus „Warendorp", sehr wesentlich als Gründer, Hanseaten und Bewohner der deutschen Stadt Danzig beteiligt waren.

Walter Klessing

Walter Klessing, Maler und Grafiker, geboren in Danzig 1913

Markt 4, ein über 300 Jahre altes Giebelhaus, mit einem Schmuckstück (Mitte), das in Augsburg „Zirbelnuß" heißt und als Schmuckmotiv in Warendorf mehrfach vorkommt

Monogramme mit Jahreszahl (oben), hier am Krickmarkt 9, sind in Warendorf nicht selten. An der Oststraße 22 blickt dämonisch eine Maske auf die Vorübergehenden herab

Sankt Katharina mit dem Rad, als Zeichen ihres Martyriums, im Gibel der Kaplanei von St. Marien am Marienkirchplatz 9. Die Heilige ist auch Mitpatronin von St. Laurentius

Gebettet in den Kranz der Linden
und den Wandel durch die Zeit,
erwiderst Suchen du und Finden
mit sichtbarer Beständigkeit.

An den Plätzen und den Straßen
rühmt sich die Vergangenheit
und in deinen alten Gassen
Stille ist und Traulichkeit.

Freundlich deine Giebel strahlen
farbenfroh und auch schwarzweiß
und Erinnerungen malen
neue Bilder, hell und leis.

Ein wenig mürrisch schaut er, der goldene Löwe über dem Eingang zur Löwenapotheke am Markt 10, doch er meint's wohl nicht so …

Träumend fließt die Ems daneben
zielwärts mit Gelassenheit;
Menschen, Felder, Häuser geben
ihr ein wechselndes Geleit.

Alte Stadt, im Kranze der Linden,
ständig wandelt dich die Zeit.
Gewähre Suchenden das Finden.
Bewahr dir deine Heiterkeit.

Theo Baggeroer

Theo Baggeroer, Präses der Bürgerschützen

Schräg gegenüber dem Löwen, Markt 15, ruht der Hirsch über der Tür zur Hirschapotheke, bezeichnet 1661

Münsterstraße 6, die Hansa-Apotheke (oben), Brünebrede 9 – ungezählte Häuser in Warendorf zeigen über Fenstern und Türen liebevoll gestalteten Schmuck

Stammtisch

Ein Stammtisch ist in einem bestimmten Lokal ein bestimmter Tisch in einem bestimmten Winkel, an dem zur bestimmten Stunde bestimmte Gäste auf ihrem bestimmten Platz sich niederlassen, um bei Vertilgung einer bestimmten Menge eines bestimmten Getränks aus bestimmten Gläsern über bestimmte Themen zu sprechen und dann zur bestimmten Stunde aufzubrechen, weil man zur bestimmten Zeit zu Hause bestimmt erwartet wird.

Wolfgang Dufhues Henrike Dufhues

Wolfgang und Henrike Dufhues, Altstadtbewohner (Zitat aus: „Fliegende Blätter“)

Der Kopf des Götterboten Merkur schmückt reizend den Giebel des historischen Hotels „Kaiserhof“ an der Oststraße. Eins der vielen Details am Haus Markt 7 zeigt einen Löwenkopf

Auf meinen Reisen sehe ich viele Städte der Welt mit ihren interessanten Merkmalen. Trotzdem freue ich mich immer wieder, wenn ich in die kleine, gemütliche Stadt an der Ems, die meine Heimat geworden ist, zurückkomme.

Hans Günter Winkler

Hans Günter Winkler, Ehrenbürger der Stadt Warendorf

Das Giebeldreieck des fünfachsigen Hauses Krickmarkt 12 von 1792 schmückt – neben vielem anderen – ein fein gebundener Kranz

An der Quabbe 1 – malerisch bei einem Malermeister – findet sich diese alte Kaminplatte mit Minerva, der Beschützerin der Handwerker

An der Ecke Kirschstraße 5/Kletterpohl hält ein Dämon, einmalig in der Emsstadt, als Radabweiser einen mächtigen Eisenschild in Händen

Die vier letzten Dinge des Menschen

Im Frage- und Antwort-Spiel des „Kleinen Katechismus" — wer erinnert sich nicht seiner aus dem Religions-Unterricht? — da wurden sie ausführlich behandelt: Tod, Gericht, Himmel, Hölle. Des Volkes Phantasie hat sie wie so häufig aus dem Begrifflichen ins Greifbare umgewandelt. So wurde in Warendorf ein kleines Stadtquartier mit diesen Namen in Verbindung gebracht. Es liegt im Ostviertel der Altstadt. Warum?

Tod: Die Ausdeutung ist hergenommen einmal von der Gruftanlage der Franziskaner in deren Klosterbereich. Aber auch der alte Judenfriedhof am Bentheimer Turm ist darin einbezogen.

Gericht: Klarer Fall: Das Amtsgericht zwischen Molken-Strasse und Gerichtsstrahlke unterlegt den Begriff. (Heute ist ein Parkplatz daraus geworden.) Man bezog auch die Wachstube der Osttor-Besatzung darin ein. Sie soll sich in der ehemaligen Schneider-Werkstatt von Theo Busse befunden haben. (Ecke Molken-Str. und Ost-Str.)

Himmel: Wie könnte es anders sein? Das himmlische Vorzimmer in Gestalt der Klosterkirche der Franziskaner ist damit gemeint — einschliesslich des Kapellen-Kranzes, der ihr einstmals zugeordnet war: die Marienfelder Kapelle, die Muschel-Kapelle, das Kapellchen an der Pietà.

Hölle: Dafür müsse in der Erklärung das Gefängnis dienen, das in der jetzigen Landwirtschaftsschule zu entdecken wäre. Im Gefolge des Bismarckschen Kulturkampfes vor gut einem Jahrhundert hat da eingesessen der Bischof von Münster Johann-Bernhard Brinkmann. Seelisch wird ihm das gewiss eine Höllenqual gewesen sein.

Dr. Franz Kroos

Dr. Franz Kroos, Chefredakteur i. R.

Kunstvoll geschmiedete Maueranker zur Sicherung der Ziegelwände – hier am Markt 4 – finden sich an vielen Warendorfer Häusern

Eine Aufgabe, die mir besondere Freude gemacht hat, war für mich die vor sechs Jahren anläßlich des Jubiläums von Mariä Himmelfahrt nach historischem Vorbild vorgenommene Neugewandung der Gnaden-Madonna in der Warendorfer Laurentiuskirche.
Für mich ein Höhepunkt textiler Gestaltungsarbeit!
Noch heute bin ich dankbar dafür, daß ich sie ausführen durfte.

Etti Drerup

Etti Drerup, Textilkünstlerin

Eine besonders betrachtenswerte Warendorfer Kleinigkeit über der Pforte des Franziskanerklosters neben der „Paterskirche“

Hier zeigt sich die ganze Pracht der Klosterpforte mit der Stifterinschrift des Fürstbischofs Ferdinand von Fürstenberg, datiert auf 1683

Das historische Rathaus am Markte unserer liebenswerten Stadt Warendorf erfüllt durch die Ausstellungen des Heimathauses, in dem altes Volks- und Kulturgut gezeigt wird und verschiedenartige Themenkreise durch Wechselausstellungen angesprochen werden, eine kulturelle Aufgabe von beachtlicher Bedeutung.

Eugenie Haunhorst

Eugenie Haunhorst, Leiterin des Heimathauses am Markt

Markt 1, einst Rathaus, jetzt Sitz des Heimathauses und des Verkehrsamts, mit dem löwenflankierten Stadtwappen

Die Warendorfer Altstadt ist trotz
mancher Fehlläufe und irreparabler Irrungen
immer noch ein lohnender Gegenstand der
Erforschung, Darstellung und Betrachtung;
sorgsamer Pflege und einfühlsamer Erneuerung.
Dem dienen die private Hand ebenso wie bür-
gerliche Zusammenschlüsse, Nachbarschaften
und Vereine, unter denen in Sachen Altstadt-
gestaltung der Heimatverein und der Verein
der Altstadtfreunde durch Ideenreichtum,
festumrissene Vorschläge und tätigen Einsatz
schon Großartiges geleistet haben. Ihnen
ist auch die Herausgabe dieses Buches mit
dem bescheidenen Titel „Kleinigkeiten"
zu verdanken.

K. Th. Kusenberg.

Karl Theodor Kusenberg, Studiendirektor i. R.

Vom barocken Münstertor, das einst im Abteivorhof des Klosters Marienfeld stand, stammt dieser zirbelnußgeschmückte „Kopf“ eines der Torpfeiler

Und noch einmal die Zirbelnuß, diesmal vom Treppenaufgang des Hauses Klosterstraße 7, dem ehemaligen Haus Wörmann

Drachenköppe

O Münsterland, schönstes der Länder! Mit Stolz uns're Heimat genannt;
von jeglichem Fremdling geachtet, der erst deine Reize erkannt.
Friedrich Westhoff

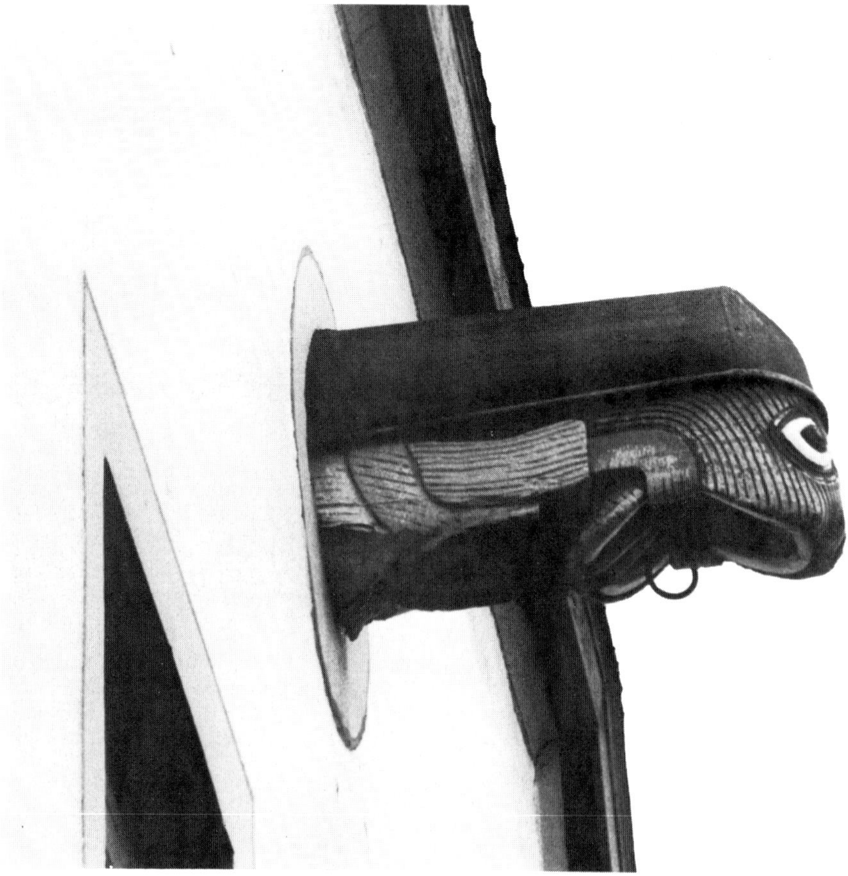

Kranbalken lautet der Fachausdruck für diese farbig bemalten, geschnitzten Gebilde, hier an der Oststraße 46

Auch hier, Laurentiusstraße 14, ein Kranbalken über einem Dachausbau, durch dessen Türe Vorräte, wie etwa Getreide, ins Haus geholt wurden

Im Volksmund heißen sie Drachenköppe, die Kranbalken, ob an der Oststraße 23, der Mühlenstraße 5, an der Oststraße 50 oder am Markt 5

ANNO DOMINI 1673 steht über dem schmalbrüstigen Haus und seinem Drachenkopp. In diesem heutigen Wohnhaus war einst das Wirtshaus „Windmüller“

Ausleger

Werbung kann Neon sein, grelles Plakat, womöglich noch schreiend pink. Werbung kann aber auch kunstvoll schmiedeeisern sein – wie in Warendorf . . .

Peter K. Köhler, Augsburg

Ausleger, alte und neue, werben in Warendorf für Geschäfte unterschiedlichster Art, hier für ein Café und eine Bäckerei an der Münsterstraße 16

Golden lädt ein Engel zum Verweilen ein – ein älterer Ausleger, 1932 erneuert. Bis 1914 hing ein hölzerner Engel von 1765 draußen, jetzt ist er drinnen zu sehen

Ob Autoteile oder Schmuck oder Kopfputz für die Damen – so werben neue Ausleger an der Oststraße, der Lilienstraße und der Münsterstraße

Da läuft dem Vorübergehenden das Wasser im Munde zusammen:
Ein Schinken ziert den neueren Ausleger am Steinweg 5

Zwischen dem einstigen Wall und Graben gibt es auch heute noch eine Gemütlichkeit, die sonst kaum mehr anzutreffen ist.
Diese kleine Stadt an der Ems, hervorgegangen aus einer unscheinbaren bäuerlichen Siedlung, beeindruckt noch immer durch ihr Gesamtbild, ihre Straßenzüge und Plätze. Es gibt Gebäude, die sich von anderen

Sie hängen wieder vermehrt draußen, die blitzeblanken Aushängeteller der Friseure, hier am Krickmarkt 15

durch Alter oder Schönheit abheben. Erst in ihrer Gesamtheit aber machen sie das Gesicht der Altstadt aus.
Die Besucher fühlen sich heute noch versetzt in andere Jahrhunderte und beginnen zu ahnen, daß man sich in diese Stadt Warendorf verlieben kann, auch wenn unsereins nicht mit Emswasser getauft ist.

Bernhard Karger

Bernhard Karger, Redakteur der „Glocke", Altstadtfreund

Nomen est omen – hier, Oststraße 2a, hat ein Friseur den Namen Kamm und deshalb den Ausleger mit einem Kamm geziert. Einst zeigte der Teller an: Laden geöffnet!

Seht, wie eine Liebende, die dem Scheidenden nachschaut, grüsst Warendorf, die Emsbraut:

Mächtig der breite Turm von Laurentius, der stumpfe Turm von St.-Marien, versteckt die Nebenbuhler des Franziskanerklosters und der Christuskirche über den Dächern alter Giebelhäuser, inmitten vieler Märkte,

Ganz unaufdringlich-dezent wird hier (links unten) geworben. Das ehemalige Haus Änneken Kuntze an der Emsstraße wurde jüngst vorzüglich restauriert

grüner Wiesen, bunter Gärten.
Zünftig die Ems, rassig die Pferde, beharrlich und gläubig die Menschen mit einem guten Bürgersinn .....
Liebreiche, grausame, schöne, herzens-spröde Zauberin, die den verführerischsten lockt, lächelnd entschleiert, wenn man scheiden muss!

Hans Kluck

Dr. Hans Kluck, Ehrenbürger und ehemaliger Bürgermeister der Stadt

Mit seinem Handwerkszeug ziert ein ehemaliger Zimmermann, jetzt Architekt, seinen Ausleger am Fachwerkhaus Neuenhof 4

Ob Kunstschmiede, Büromaschinenhaus, Geschäft für Nähmaschinen und Fahrräder oder Kunstmalerbetrieb – Werbung auf angenehme Weise an der Kirch-, der Molken-, der Oststraße und der Brünebrede

Anfang Mai 1943 bin ich kriegsbedingt mit meinen Eltern und meinem Bruder in die Geburts-stadt meiner Mutter nach Warendorf gezogen. Ich fühle mich in dieser liebenswerten Stadt sehr wohl und kann mir ein Leben ohne Wa-rendorf garnicht vorstellen.

Ursula Weiland

Ursula Weiland, „Glocke"-Geschäftsstelle Warendorf

„Kunstlädchen" in kunstvollem Ausleger – in diesem Haus lebte der unvergessene, um Warendorf hochverdiente Joos Brandkamp

Am Freckenhorster Tor, vor einem bekannten Gasthaus, lädt ein Löwe zur Einkehr. Vom Gastwirt allerdings sagt man, in seinem gemütlichen Wirtshaus brülle er nur im Notfall wie ein Löwe

Selbst die Behörden machen mit – nostalgisch-gemütlich weist die Post in Warendorf, an der Freckenhorster Straße, seit Herbst 1983 mit neuem Ausleger auf ihr Gebäude hin

Alte Straßennamen

. . . wachte ich auf im Duft der Linden, die unserer Promenade den Schatten geben und sie rings um das Städtchen von Flußufer zu Flußufer begleiten.

Paul Schallück, „Engelbert Reineke“

Straßennamen in Warendorf – viele von ihnen sind wie ein Gedicht.
Das Schild am Kletterpohl ist besonders hübsch, genau wie der Name

Schweinemarkt – ein alles sagender Name für einen uralten Platz, der von der Nachbarschaft, den Altstadtfreunden und der Stadt verschönert wurde. Und Quabbe und Zuckertimpen sind ja wohl auch kein Pappenstiel

Noch einmal: Straßennamen, die für Warendorfer – und nicht nur für sie – wie Gedichte und Musik klingen. Nur hätten manche von ihnen ein gefälligeres Schild verdient

Es würde den Rahmen der knappen Bildtexte sprengen, wollte man alle uralten Straßennamen erklären. Aber klingen nicht – zum Exempel – Pumperie und Petersiliengasse herrlich?

Der heilige Franziskus legt friedvoll die Hände übereinander in einer Nische an der Franziskaner-, der Paterskirche

Altstadtlaternen

Dao briännt drei Lampen, dao is ne Bruut in'n Huse.
Plattdeutsches Sprichwort

Altstadtlaternen leuchten inzwischen an vielen Stellen der Stadt – und leuchten gemütlicher als Neonpeitschenlampen . . .

Am Schweinemarkt, dem wohnlich-lieben Platz an der Alten Kirche,
leuchtet diese neue alte Laterne vielen heim

Pflastersteine

Und in allen Gegensätzen steht – unerschütterlich, ohne Fahne, ohne Leierkasten, ohne gezücktes Schwert – die stille Liebe zu unserer Heimat.

Kurt Tucholsky

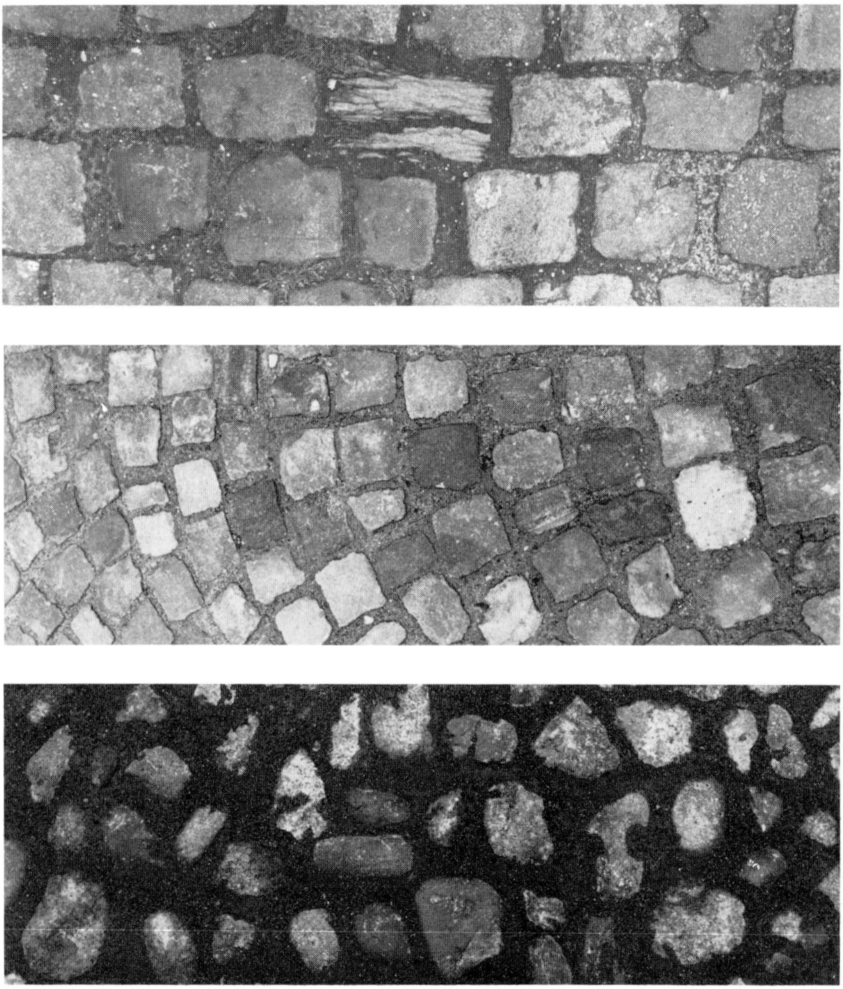

Pflaster in der Altstadt, nicht von allen geliebt, am Marienkirchplatz, am Neuenhof und in der Petersiliengasse, hier aus Findlingskatzenköppen

Es sind oft die kleinen Dinge, die das Leben verschönen. Das gilt auch für die Altstadt. Ihre großen Bauten lösen Bewunderung aus. Die kleinen Dinge aber: Häuschen, Türschilder, Klopfer, Kranbalken, Maueranker, Ausleger und anderer Hausschmuck machen die Altstadt liebenswürdig.

Wilhelm Veltman

Wilhelm Veltman, Vorsitzender der Altstadtfreunde

Ein schöner Rücken kann auch entzücken

Up Noabers Patt dröf kin Greß wassen.
Maria Mönch-Tegeder

„Up Naobers Patt dröf kin Greß wassen" – auf dem Weg zum Nachbarn darf kein Gras wachsen, überschrieb die emsländische Dichterin Maria Mönch-Tegeder 1975 einen Beitrag zu dem Buch „Das Emsland" mit diesem ebenso wichtigen wie richtigen Wort: Wo gute Nachbarschaft herrscht, meinte sie, müsse das Gras von Haus zu Haus sichtbar begangen worden sein, hin und her.
Gute Nachbarschaft will auch der letzte Teil dieses Buches fördern – und zeigen, daß nicht nur die Warendorfer Altstadt, sondern in hohem Maße Freckenhorst und Hoetmar, Milte, Einen, Müssingen und Vinnenberg „Warendorfer Kleinigkeiten" bieten, und so können die Warendorfer nach Süden, Westen und Norden hin sagen: Ein schöner Rücken kann auch entzücken.

Stuckgesichter an einem Haus der Gänsestraße in Freckenhorst.
Und an der Petrikapelle der Stiftsstadt ein kunstvoller Türgriff
von dem Vellerner Künstler H. G. Bücker

Eine seltene fotografische Perspektive: Der Hauptturm der Stiftskirche in Freckenhorst, davor die Wand der Petrikapelle und ein Teil der Pfarrbibliothek

Auch ein selten-seltsames Kleinod – Schallöcher an St. Bonifatius,
der Stiftskirche in Freckenhorst, in der heutigen Form wohl von 1129 stammend

Ein Ort der Stille, ein Ort zum Verweilen – eine romanische Rarität des Kreuzgangs seitlich des „Bauerndoms des Münsterlandes“ in Freckenhorst

Gute Nachbarn am Freckenhorster Stiftsmarkt: Fensteraugen am Haus Deiter, erbaut 1902 (oben) und gegenüber – ganz gegensätzlich – an der Pfarrbücherei

Fensterauge an der Gänsestraße (oben), darunter der köstliche Erker über dem Brüggenbach von 1880 und die unverzichtbare „Pielepogge“

Auch in der alten Stiftsstadt kann unaufdringlich geworben werden – wie etwa für eine Drogerie. Das Schild Heuveldop ist ebenfalls ein Schmuckstück. Und das Detail am Stiftsmarkt (oben) auch

Solcherlei freundlich-ansehnliche Kleinigkeiten bietet das Freckenhorster Schloß: am Portal (oben und unten links) und sogar am Geräteschuppen

Haus Heuveldop in Freckenhorst, an der Kreuzung mitten im Ort, wurde erst vor kurzem meisterlich renoviert – ein Schatz in der Stadt

Ecke Gänsestraße/Westernfelder Straße – das putzige kleine Haus einmal aus gänzlich anderer, nämlich Detailsicht aufgenommen

Kunstschmiedearbeit am Treppenaufgang zum Schloß der Stiftsstadt;
die Altvorderen gaben sich unendlich viel Mühe mit „Kleinigkeiten"

Zehn Minuten vor vier Uhr ist es an der Turmuhr von St. Lambertus im schönen Dorf Hoetmar bei Freckenhorst

Eine Gaube, ein Giebelausbau am Kirchplatz in Hoetmar, eines der vielen Prachtstücke im „Golddorf“

Die „Tenne“ in Hoetmar, mühe- und liebevoll hergerichtet, zählt zu den großartigen Warendorfer Kleinigkeiten – ein beliebter Treffpunkt

Das Mühlrad an der Mühle gegenüber dem Kloster Vinnenberg erinnert an längst vergangene Zeiten. Aber noch immer fließt Beverwasser darüber

Woher weht hier der Wind? Eine sauber gearbeitete Wetterfahne in der Nähe der Milter Pfarrkirche St. Johannes der Täufer

Ein Giebel wie aus dem Bilderbuch, in Milte, an der Ostmilter Straße.
Hier hat ein Malermeister bewiesen, was in ihm steckt

Licht, Laub und Schatten zieren St. Johannes d. T. in Milte – wieder einmal ein Detail von hohem Reiz an dem 1829 errichteten klassizistischen Langhaus

Der Turm von St. Johannes d. T. in Milte ist ursprünglich romanisch; die Treppengiebel, sehr selten hierzulande, wurden erst viel später aufgesetzt

In Einen, vor dem Hof Schulze Osthoff, an der Straße Milte-Telgte, steht diese unübersehbare Hofkapelle, in der der Toten der Familie gedacht wird

„Die größte Stadt in Engelland ist London an der Themse, das kleinste Dorf im Münsterland ist Einen an der Ems" – der Turm der Pfarrkirche St. Bartholomäus

Warendorf ist eine liebenswerte Stadt. Es ist eine Freude, in Warendorf zu leben und zu arbeiten. Mit großem Einsatz bemühen sich Rat und Verwaltung, das Landesdenkmalamt und viele andere Einrichtungen, das historische Bild der Stadt zu erhalten und zu pflegen. Mit besonderer Bewunderung ist aber festzustellen, daß unsere Bürger immer wieder und oft mit größtem Einsatz in allen Ortsteilen ihre Häuser renovieren, und das mit großem Kostenaufwand. Dadurch bringen unsere Bürger ihre Verbundenheit mit dem geschichtlichen Auftrag unserer Zeit zum Ausdruck. Wir sind ihnen deshalb zu großem Dank verpflichtet.

Hellmuth Schmeichel

Hellmuth Schmeichel, Stadtdirektor in Warendorf

Seit meiner Kindheit sind die Gassen
dieser Stadt mein Zuhause.
Die Geborgenheit ist die Wiege zum
heimatlichen Denken und gestaltenden
Handeln für ihr unverwechselbares
Gesicht.
„Zäh, doch bildsam; derb, doch ehrlich";
- Webers Worte aus „Dreizehnlinden" -
die unser Haus an der Klosterstraße 22
im Giebelbalken schmücken, sollen
auch unsere Kinder auf den Weg zur
heimatlichen Tradition lenken.
Dies ist unser Wünschen und unser Wille

Klaus-Dieter Krahn

Reinhilde Krahn-Henrichmann

Klaus-Dieter und Reinhilde Krahn, Altstadtfreunde

Maria, tränenreich,
In deinem Schoß den lieben Sohn,
Fragst du die Welt und mich zugleich:
Ist das der Liebe Lohn?

Du, Mutter, tröstest alle, die vorübergehn,
Die, stumm und blind und taub,
In ihrem Leiden keinen Sinn mehr sehn:
"Halt aus und bleib und klage
Der tränenreichen Mutter deine Plage!
Ich hör dich ja und bleib dir nah,
Auch unter deinem Kreuze bin ich da!"

Maria, tränenreich,
In deinem Schoß den lieben Sohn,
Bist du der Welt und mir zugleich
Auf Erden Himmels Lohn.

Zum Vesperbild an der Südseite
der Laurentiuskirche in Warendorf.
Walter Suwelack

Walter Suwelack, Dechant an St. Laurentius

Dechant Walter Suwelacks Gedicht an Maria zum Vesperbild an der Laurentiuskirche wird durch sein eigenes Foto illustriert. Die Bronzetafel stiftete ein Warendorfer Mitbürger

Warendorf ist Mariä Himmelfahrt,
ist Stadt in Wiesen und in Gärten,
ist Hort meiner Jugend und Freuden und
Träume, meiner Jugendsünden und Jugend-
lieben; Warendorf ist Lehrerseminar =
später Laurentianum, ist Fettmarkt mit
Kirmes und Kappes, Krimskrams und Ber-
nigen Käls; Warendorf ist Pumperie und
Petersiliengasse und Kletterpohl, Rüen-
schlüppe, Promenade und Peterskirche
und Schweinemarkt; Warendorf ist
Wilhelm und Rolf, Heidi, Christa
(die vier für viele); Warendorf ist die
schönste kleine Stadt der Welt, und
wer dieser Stadt an der Ems auch
nur das Allergeringste antut, den
möge der Leibhaftige à tempo
im Grundlosen Kolk ersäufen!
Rainer A. Krewerth

Rainer A. Krewerth, Vorsitzender des Heimatvereins Warendorf

Nun weiß ich nicht, ob
Johann Wolfgang Goethe
seine Dichtung:
„Faust“
vor seiner Übernachtung in
der Oststraße geschrieben hat oder
später. Doch bin ich gewiß,
daß er beim Anblick der kleinen
Stadt an der Ems, ihrer Menschen
und auch des Bentheimer Türmes
jene Worte des Türmers noch einmal
geprägt hätte:

„Ihr glücklichen Augen,
Was je ihr gesehn,
Es sei, wie es wolle,
Es war doch so schön!“

Friedrich Radü

Friedrich Radü, Pfarrer i. R.

Als gebürtiger Warendorfer, der seit 10 Jahren wieder zur Altstadt zurückgekehrt ist, kann ich nur die Worte meines Vaters wiederholen, die dieser im Jahre 1924 über den Marktplatz schrieb:

„Steil des Marktes Häusergiebel ragen
Vierhundertjährig gleich in blaue Nacht.
Haben nach der Tage lautem Jagen,
Müd' die Fensteraugen zugemacht.
Und die Nacht mit weichen, kühlen Händen
Gleitet über graue Giebel her,
Dass sie – wie die Menschen – Ruhe fänden.
... Hundert Jahre lasten schwer."

Diesen Worten ist auch heute, 60 Jahre später, nichts hinzuzufügen!

Rainer Filbry

Rainer Filbry, „Löwen"-Apotheker

Das stille, saubere Kreisstädtchen Warendorf im Münsterlande war mir wohl bekannt aus meinen Jugendtagen. Auf mancher frohen Ferienfahrt hatte ich es besucht, und in lebhafter Erinnerung stand mir das muntere Kirmestreiben am Tage Mariä Himmelfahrt, wenn die weiten Heiden zwischen Warendorf und dem Wallfahrtsorte Telgte in rosenroter Blüte prangten.

Dr. Paul Becker, Oberstudiendirektor des Augustin-Wibbelt-Gymnasiums, entnahm diese Zeilen dem Buch „Einst und jetzt – Gedanken und Erinnerungen von Augustin-Wibbelt“, das 1982 bei Regensberg in Münster von Rainer Schepper herausgegeben wurde. Die Zeilen entstammen dem Kapitel „Meine Erinnerungen an Joseph Leopold“, seinen Warendorfer Verleger.

So sieht es aus, wenn samstags die Altstadtfreunde in Warendorf picken – hier, mit großem Erfolg, an der Kurzen Kesselstraße. Das Bild rechts, aufgenommen von Ulrich Weber, zeigt einen Ausschnitt aus einem wertvollen Deckengemälde im Haus Gröne-Johann, Eigentümer Werner Schmitz, an der Emsstraße

Impressum:
© Verlag E. Holterdorf, Oelde; Bilder: Manfred Freye, Reinhard Plontke,
Dieter Rensing, Ulrich Weber, Walter Suwelack, Reinhard Pellinghaus;
Zeichnungen: Claus Hoffmeister; Idee und Konzeption: Rainer A. Krewerth;
Mitarbeit und Beratung: Peter K. Köhler, Augsburg; Grafische Gestaltung:
Holger Martsch; Herstellung: Druckerei E. Holterdorf, Oelde
ISBN 3-87357-000-9